اقرأ

هذا

الكتاب

عمر م. البوسعيدي

Sail
سيل

اقرأ هذا الكتاب

الكاتب: عمر البوسعيدي

Sail
سيل

دار سيل للنشر
دبي – الإمارات العربية المتحدة

يستخدم هذا الكتاب خطًا وتنسيقا يساعدان على تسهيل تجربة القراءة لمن يعانون من عسر القراءة ، نحو تجربة قرائية شاملة.

التصنيف العمري: 13+
تم تصنيف وتحديد الفئة العمرية التي تلائم محتوى الكتب وفقا لنظام التصنيف العمري الصادر عن المجلس الوطني للإعلام في دولة الإمارات العربية المتحدة.

رقم إذن الطباعة من مجلس الإعلام الوطني في دولة الإمارات العربية المتحدة.
MC-02-01-2321447

ISBN 979-8-9893775-1-0

email: info@sailpublishing.com
facebook: facebook.com/sailpublishing
instagram: @sailpublishing
twitter: @sailpublishing

أهدي هذا الكتاب إلى والدي المرحوم محمد البوسعيدي، الذي خدم بكل فخر في القوات المسلحة الإماراتية لما يقارب 30 عامًا.

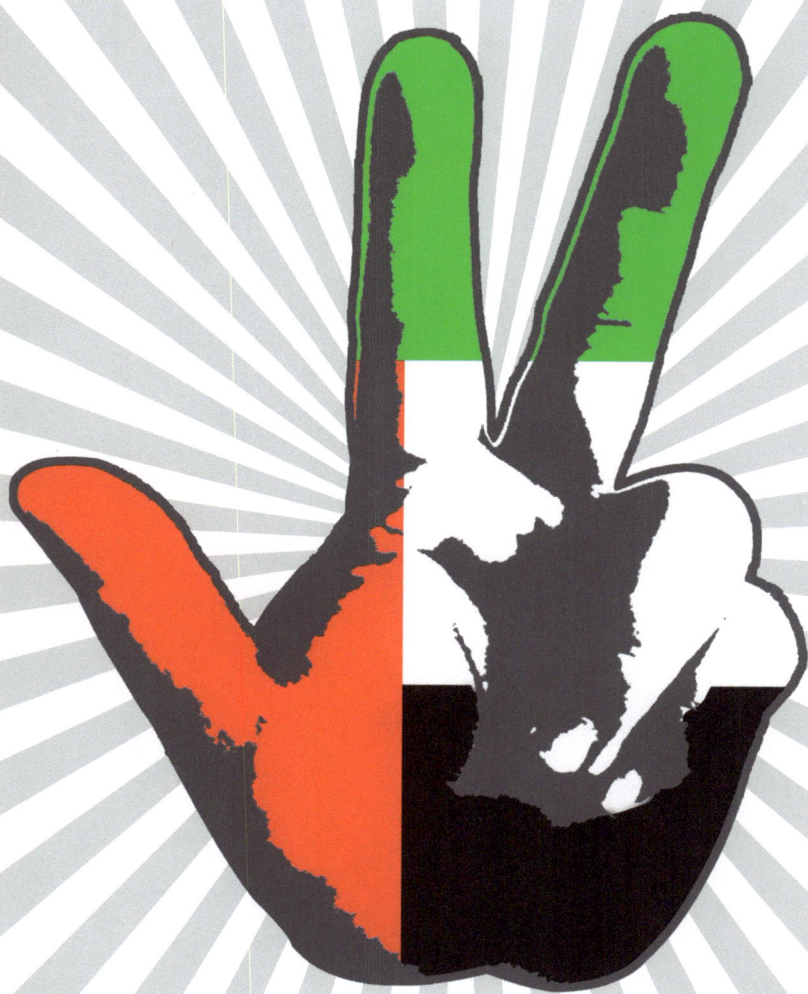

نــبــذة عـن الكاتب

عمر البوسعيدي خريج من برنامج فولبرايت، مؤلف، ومؤسس شركة Global Possibilities، وهي شركة استشارات متخصصة في الشؤون العامة والاستثمار مقرها في الإمارات العربية المتحدة والولايات المتحدة الأمريكية.

شملت مسيرة عمر المهنية مناصب في وزارة التجارة الدولية بالمملكة المتحدة، وغرفة دبي للتجارة، ودائرة الثقافة والسياحة في أبوظبي، حيث عمل في جذب الاستثمارات وتعزيز التجارة عبر مختلف القطاعات.

حصل عمر على درجة الماجستير في الشؤون الدولية من جامعة ولاية فلوريدا، وهو أيضًا زميل غير مقيم في Trends Research & Advisory وهو مركز أبحاث جيوسياسية مقره في أبوظبي، الإمارات العربية المتحدة.

وقد أتاحت له أدواره المتعددة تحقيق العديد من الإنجازات الشخصية، بدءًا من نشر كتاب التطوير الذاتي "Just Read It"، وحتى الاستثمار في الشركات الناشئة في قطاع التكنولوجيا.

وقد تمت دعوة عمر، الذي كان عضوًا سابقًا في مبادرة Global Shaper في المنتدى الاقتصادي العالمي وخريج برنامج القيادة للزوار الدوليين التابع لوزارة الخارجية الأمريكية، لإرشاد الطلاب حول ريادة الأعمال والتواصل والقيادة في العديد من الجامعات والمؤتمرات داخل دولة الإمارات العربية المتحدة وخارجها.

شـــكـــرٌ وتـــقـــديـــر

هذا الجزء المفضل لدي من هذا
الكتاب، إذ لطالما قلت لنفسي كم
أنا ممتنٌ لكلّ من صادفتهم
في حياتي وكلّ ما مررتُ به،
سواء في الأوقات الجيدة أو السيئة.

إنّ الأشخاص الذين مرّوا في حياتي هم الذين
شكلوني على النحو الذي أنا عليه اليوم. بدايةً،
أحمدُ وأشكرُ الله سبحانه وتعالى الذي وهبني
الحياة والفرصةَ والقدرةَ على الكتابة. ومن ثمّ
أشكر أمي الرائعة الجميلة الحنونة، دليلة، التي
وقفت بجانبي في السراء والضراء. (ستحمل
ابنتي يوماً اسمَ دليلة). وأودّ أن أشكر والدي،
محمد - رحمه الله - الذي وضعَ بين يديّ
منظوراً جديداً ومختلفاً تماماً عن الحياة.
والشّكر الكبير أيضاً لأخي الوحيد، علي، الأب
والزوج المثالي (ومن لديه أكتاف عريضة
بعرضِ الخزانة).

وشكراً أيضاً لـ نهال، أختي الصغرى، الحاصلة بكل فخر على منحة الشيخ محمد بن راشد آل مكتوم، وهي الآن ناجحة في حياتها المهنية.

وأتوجه بالشكر إلى عضو مميز في العائلة - عايدة - الأخت الكبرى، الأم الخارقة، الزوجة الخارقة، المرأة الخارقة... قدوتي طوال حياتي التي ألهمتني أن أكون مثلها. وساعدتني في أن أستغل أحداث حياتي أحسن استغلال.

أخيراً وليس آخراً،
أشكر زوجتي الحبيبة هنا ساين، شريكة حياتي.

وأتوجه بشكر عميقٍ جداً إلى عمي المفضل، ووالدي الثاني - عيسى الرواحي، الذي تجاهل تعليقات أيّ شخص حولَ نكساتي، لا سيما في مجال الأعمال وقال: "لا يوجد ما يسمى إخفاقات، إنّها محاولات". وأنا أكرر قوله هذا في كلّ مكان أذهب إليه. وشكراً لزوجته الرائعة، نجمة، التي ساندت زوجها طوال الوقت وساعدته في الوصول إلى حيث هو اليوم، مع عائلتهما الجميلة.

نوف محمد الهاشمي، شكراً جزيلاً على كلّ شيء. أنتِ من شجعني على إنهاء الكتاب، وبفضل حبكِ للقراءة، كان عليكِ تدقيقهُ وتحقيق رؤيتي. أنتِ أفضلُ... الأفضل!

أخيراً وليس آخراً،

وأخيرا وليس آخرا، أغتنم هذه الفرصة لأعرب أيضا عـن شكري الكبير لقيادة وطني، دولـة الإمـارات العربية المتحدة، ورئيسها صاحب السمو الشيخ محمد بن زايد آل نهيان، و نائبها صـاحـب السمو الشيخ محمد بـن راشـد آل مكتوم (و رئيس مجلس الـوزراء وحاكم دبي)، وسموّ الشيخ خالد بن محمد بن زايد آل نهيان (ولي عهد أبوظبي)، وسمو الشيخ حمدان بن محمد بن راشـد آل مكتوم (ولـي عهد دبـي) وجميع حكام وولاة عهد الإمـارات - لا يزالـون يلهموننا لنكون عظماء كما هم ويحققون الـمـزيـد والـمـزيـد.

شكراً لكم أصحاب السمو!

تمهيد

يسألني الكثير من الناس لماذا كتبت هذا الكتاب، وبعد قراءة عنوان "اقرأ هذا الكتاب"، يزداد فضولهم ويستفسرون عن فحواه. إليكم كيف بدأت الحكاية...

دعتني الجامعات في جميع أنحاء الإمارات العربية المتحدة لإلقاء محاضرات حول ريادة الأعمال وتبادل خبراتي الشخصية حول هذا الموضوع. وكنت أضع شرائح العرضِ معاً وأقدم هذه المحاضرات كلّ شهرٍ تقريباً منذ عام 2010. وقد اعتدت أن أبدأ محاضراتي بمطالبة الطلاب بتدوين الملاحظات (وصدقوني، من الصعب جداً إقناع الشباب اليوم بضرورة هذا) حيث سيكون هناك جملة أو أكثر على شريحة العرض وسأرتجل بقية الوقت.

في أحد الأيام من عام 2012، حظيت بلقاءٍ ممتعٍ مع طالبة في حرم الطالبات بجامعة زايد في أبو ظبي. بعد أن بدأت الجلسة بالطلب نفسه، "يرجى تدوين الملاحظات"، أجابت فتاة جالسة في الصف الأمامي، "أستاذ! لماذا لا تؤلف كتاباً؟" سألتها ما الذي جعلها تفكر في ذلك، فقالت: "أميل إلى القراءة أكثر من الكتابة، وبما أن لديك الكثير لتقوله، فأنا أودّ قراءة كتابٍ لك".

فكرت لبرهةٍ وأعلنت أمام الفصل حينها أنني سأعمل على تأليف الكتاب.

أما فيما يتعلق بعنوان الكتاب، ففي الواقع كنت أناقش الأمر مع صديقتي نوف الهاشمي ولم أستقر على قرارٍ بشأن عنوانه لأنه يتطرق إلى العديد من النقاط المتعلقة بالذكاء العاطفي والاجتماعي. أخبرتها أنه من الصعب منحهُ عنواناً وأنني أريد فقط أن يقرأ الناس الكتاب. قالت: "حسناً، لماذا لا تسميه 'اقرأ هذا الكتاب'؟"

عندما يسألني الناس عن هدفي في الحياة، أخبرهم دائماً أنني أرغب في أن أكون قادراً على إحداث تغيير إيجابي على الرغم من كلّ الصعوبات التي يواجهها العالم اليوم. إذا استطعت مشاركة المعرفة والخبرة مع الآخرين لإلهامهم ومساعدتهم على اتخاذ قرارات مستنيرة أفضل، فسيحقق ذلك كل أحلامي.

أولًا

اخرج من شبكة أمانك

– كونستانتينا ساكيلاريو

اعتاد الكثيرون منا الحصول على كلّ شيء على طبقٍ من فضة: مسكن، سيارة، طعام، وما إلى ذلك. والحقيقة أنّ... العديد من أقراننا في أجزاء أخرى من العالم ليس لديهم الترف نفسه. نعم. هذا صحيح. يعمل العديد من هؤلاء الأفراد أحياناً في وظيفتين أو أكثر لمجرد الحصول على نصف ما نستمتع به يومياً. ولا أقصد أنّ تقديم الكثير لنا أمرٌ سيء ولكن علينا أن ندرك أن لا شيء يدوم. كافح أجدادنا لتأمين لقمة عيشهم وبذلوا قصارى جهدهم حرصاً على تزويدنا بالأشياء التي حرموا منها؛ لذا يجب ألا يغيب هذا عن أذهاننا قطّ. ولا أقصد أنّ علينا إحضار مكنسةٍ وكنس الأرضيات؛ **بل أعني أن علينا الالتحاق ببعض الدورات المهنية لاكتساب مهارات عملية في اللحام أو التركيب أو الخبز أو حتى التدريس. هذه المهارات لن تحسن معرفتنا بالمهن المختلفة وحسب بل ستمنحنا بلا شكّ الوعي والانضباط والتركيز، وحتى الحكمة.**

سنصبح أكثر تواضعاً
وسنبدأ في تقدير النعم
التي وهبنا إياها الله.

كن مبدعاً،
ومستقلاً،
وملتزماً،
ويقظاً،
وطموحاً،
ومفكراً،
وحلّالاً للمشكلات

سواء كنت تؤسس مشروعاً أم لا، عليك أن تكون مبدعاً في الحياة. ستصادف مواقف مراوغة لا يمكن التغلب عليها إلا من خلال الإبداع. ربما تضطر إلى التملّق، وقد تحتاج إلى التظاهر أو حتى إلى طلب المساعدة من شخصٍ ما.

استعد دائماً

لتكون مستقلاً وتعيش مستقلاً، حتى تتمكن من مواجهة الأوقات العصيبة!

المفاجآت

أسوأ ما يمكن أن تواجهه يوماً، والافتراض أساس كلّ خيبة!

الجزء الأصعب هو إنهاء ما بدأت به. وأرى أن أفضل طريقة لذلك هي تنفيذ أيّ مشروعٍ على مراحل، وإكمال مهام كلّ يومٍ في يومه. (هذا ما فعلته عند تأليف هذا الكتاب). ثابر على سعيكَ لتحقيق طموحك.

كما أنّ الطموح يجعل منك شخصاً أفضل ويبقيك على اطلاع دائم بكل ما يجري في حياتك. سوف تتألق ويُفتن الناس بشغفك. لا تكتفِ بالجلوس في مكانك، فكّر. أن تكون مفكراً يعني أن تكون متسامحاً ومنفتحاً ويقظاً وذكياً. عندما تواجه مشكلة، بادر إلى حلها؛ لا تهرب منها أو تمررها إلى شخص آخر أو تتجاهلها. سوف تنمو مثل السرطان إذا لم تعالجها، ستتغلب عليك وتسبب مرضاً قاتلاً.

صادق...

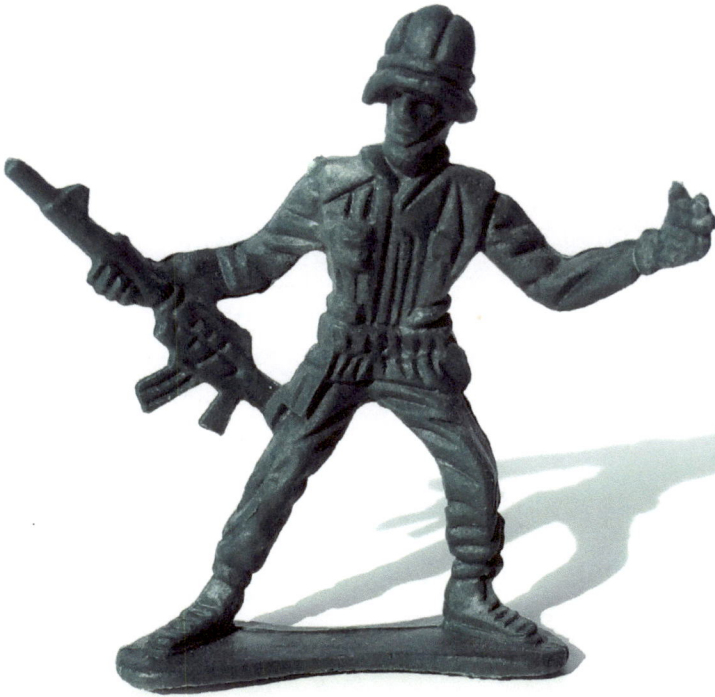

شـــخـصـاً

يُعتمدُ عليه

هذه هي المفضلة لدي!

ربما يكون هذا الشخص

صديقك أو أحد أفراد أسرتك أو حبيبك أو شخص يكرهك، شخص له تأثير على اتخاذ القرار في حياتك.

أعلم أنّ هـذا يـبـدو غريباً

ثـق بـي

إن كان لديك شخصٌ يمكنهُ

قراءة أفكارك،

يعرفُ عيوبك،

يمكنه توجيهك،

فاحرص على بقاء هذا الشخص في حياتك!

21

سـوف يـلـخـص شـكـوكـك فـي سـطـرٍ واحـد

ويـعـطـيـك حـلاً بـأقـل من 10 كلمات.

أطـلـقُ عـلـى هـذا الشخص اسم

"الحكــيم"

احرص على وجود

شخص مثله

أوقف كلّ ما تفـعله واعثر عليه أو عـلـيها.

إنّه في مكانٍ ما حولك؛

سيصبح هذا الشخص مرشدك،

كلّ ما عليــك

ويحرص على دفعك نحو الأمام، ويقدم لك المشورة المناسبة

هو أن تبحث

ويدعم قضيتك كشخص، ويدعم طموحاتك وأحلامك

بجـدية!

وكل ما تصبو إلى تحقيقه.

اغتنم الـفـرص

تأتي الفرصة مرة واحدة في العمر: كانت هناك ثورة صناعية، ثم ثورة الرقائق الزرقاء، واليوم (في وقت كتابة هذا الكتاب) هناك ثورة في تطبيقات الهواتف الذكية.

ثمّ ماذا؟ احرص على وجودك في القمة متقدماً على الآخرين، وفكّر 10 خطوات إلى الأمام، وراقب اتجاهات السوق، وتقارير سلوك المستهلك، واقرأ الأخبار، واصغ إلى الشائعات واستمع إلى المشكلات.

كلّ هذا والكثير غيره من أساليب مختلفة يمكن للمرء اعتمادها لمعرفة العمل الذي يناسبه الخوض فيه. يوجد عدد لا يحصى من الأفكار، بعضها ينجح وبعضها الآخر لا. **التّوقيت أساس كلّ شيء.**

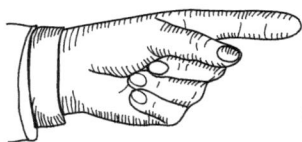

قبل أن تذهب إلى الفراش، اسأل نفسك، "ما الـذي أنجزتـه **اليوم**؟"

إذا اتبعت نصيحةً واحدةً فقط من النصائح التي تقرأها الآن، فقد أنجزت شيئاً للتو. كثير منا (بما فيهم أنا) لا يدركون مقدار الوقت الذي نضيعه في القيام بأشياء لا معنى لها. إنها لا تضيف أيّ قيمة لنا.

من المهمّ أن نصبّ

تركـــيزنا

علـى مهامنـا اليوميـة؛
وأن نراقب روتين يومنا

ونحرص على أنّ كلّ ما نقوم به يُضيف نوعاً من الضمان إلى حياتنا في نهاية المطاف. حتى لو قرأت الصحيفة في يومٍ بعينه، فقد حققت شيئاً لأنكَ عززت للتو معرفتك بموضوع معين.

المعلوماتُ موجودةٌ
في كلّ مكان حولنا،
سواء من الناس، أو من
لافتة ما، أو المذياع، أو
التلفزيون، أو الإنترنت؛

ابحث عنها

وسوف

تجدها.

لا بأس بخوضِ مخاطرَ مدروسة. هذا بالغ الأهمية. لا تنفق كلّ مدخرات حياتك، لا سيما عندما تشتري منزلاً أو تسدد الرسوم الدراسية لأبنائك.

عليك تخصيص صندوق استثماري تعرفُ أنه لن يجنّ جنونك وتستاء إذا خسرته أو لم تره مرة أخرى. انظر إلى تحليل التكلفة مقابل الفائدة: هل من المجدي حقاً الاستثمار في هذا المشروع؟ أو هذا الشخص؟
استشر شخصاً واعرف رأيه. اسأل رجل أعمال. التخطيط سرّ نجاح كلّ شيء؛ إنه يساعد في هيكلة استثمارك بشكل صحيح ومواجهة المخاطر بحكمة.

إن وضع مخططات للأعمال مضيعة للوقت إذ تتوفر القوالب أو المخططات جاهزةً على الإنترنت، وكل ما عليك هو تخصيصها لتناسب سوقك.

نعم، لقد صادفت الكثير من الأشخاص الذين يقولون إنهم لا يعرفون كيفية البدء في كتابة خطة عمل.

الحمـــد لله

نشكر الله على وجود الإنترنت وشكراً لوزارة الخارجية الأمريكية لإتاحته للجمهور والسماح للعالم بأن يصبح قرية عالمية. الإنترنت غني بالمعلومات. تعلم كيف تتصفح الويب! إن العثور على القوالب أو المخططات الأمثل لخطة عمل تناسب فكرة عملك أمرٌ سهلٌ للغاية. يوجد برامج عبر الإنترنت بأسعار معقولة للغاية يمكن أن تساعدك على كتابة خطة عمل.

لذا لا مزيد من الأعذار

لنفعلها مهما كانت النتائج

SCREW IT, LET'S DO IT!

- ريتشارد برانسون

اشتريت الكتاب أعلاه... ولكن لا تسألني عما استفدته منه لأنني ببساطة لم أقرأه. كتابٌ يحمل عنواناً مثل هذا يخبرك كلّ ما تودّ معرفته عن الحياة.

إنـه نصيحـة عظيمـة!

إن اكتشاف ذلك الكتاب في مكتبة المجرودي أزال كلّ الشكوك التي كانت تتصارع في رأسي.

لا سيما أنّ الكتاب ألفه رجلٌ ملياردير تمكن من إنشاء إمبراطورية كاملة في العديد من القطاعات، ويعاني من عسر القراءة!

إن أي شخصٍ رآني في مكتبة المجرودي ظنّ أنّ صاعقةً ضربتني بلا شكّ. من الطبيعي أن نميل نحن البشر إلى طرح مليون سؤال والتفكير في مليار احتمال، لكن في بعض الأحيان يكون ذلك محبطاً للغاية. تذكر كيف ألقى بك والدك في البحر وطلب منك أن تسبح: طلب منكَ تحريك يديك وقدميك بشكل متتابع وستبقى طافياً. وكنتَ طوال الوقت على وشك الغرق تفكّر كيف ستقتله إذا نجوت.

حسناً، ثق بي،

أنت بحاجة فعلاً إلى شخص يدفعك إلى موقفٍ كهذا ويجعلك تطفو على السطح وبذلك يمنحك الأساس المتين الذي يساعد عملك على النجاح.

اقرأ عن خطط

الحكومة

بشأن التنويع الاقتصادي في الصحف ومجلات الأعمال.

كما ذكرت سابقاً، أنت لست ذلك المستبصر الروحي الذي يمكنه النظر إلى كرة بلورية أو قراءة الكفّ أو بقايا فناجين القهوة والتنبؤ بالمستقبل الاقتصادي لمدينتك. تحتاج إلى أبحاث وتقارير من غرفة التجارة أو الدوائر الاقتصادية أو أي جهة رسمية يمكنها استشراف المستقبل قبل الإعلان عن المشاريع الفعلية. تمتلك معظم البلدان أو المدن خطة طويلة الأمد لما تريد الحكومة إنجازه. إذا لم يكن لدى تلك الحكومة خطة، فهذا مؤشر على تجنّب الاستثمار هناك!

"
إذا لم يكن لدى تلك الحكومة خطة تنويع اقتصادي، فهذا مؤشر على أن عليك تجنّب الاستثمار في هذا المجال!
"

اجعل نفسك محاطاً بدائرة من الدعم والأشخاص الذين تتشابه أفكارهم مع أفكارك

اجعل نفسك محاطاً بدائرة من الدعم والأشخاص الذين تتشابه أفكارهم مع أفكارك

أثناء تقدمي في العمر وزيادة وعيي بمحيطي، والمجتمع، والسياسة، والأعمال التجارية، وما إلى ذلك، أواظب على طرح الكثير من الأسئلة على نفسي. أين أرى نفسي بعد خمس سنوات؟ ماذا أريد أن أكون؟ ما الذي أرغب في تحقيقه؟ هل أنا على المسار الصحيح؟ هل سأنجح أم سأفشل؟

تطرح هذه الأسئلة دائماً أثناء جلوسي بين الأصدقاء في المقهى أو في المطعم خلال الساعات التي أقضيها هناك.

تضمنت معظم نقاشاتنا الحديث
عن فتاة جذابة صادف أنها مرّت
بالقرب، أو السخرية من بعضنا أو
الجلوس بهدوء نحدق في بعضنا
ونشرب قهوتنا.

بانغ!

لكن سرعان ما تبادر إلى ذهني أنه
"حان الوقت للتغيير". تغيير في
الموقف، وتغيير في نمط الحياة،
وتغيير في الروتين، وليس بالضبط
تغيير في الأصدقاء بل إضافة
أصدقاء جدد.

لذلك، عندما قضيت وقتاً أطول

في العمل والجامعة، انتبهت

إلى وجود أشخاصٍ يتمتعون

بشخصيات مميزة ويتحدثون

بذكاء. هؤلاء الناس ألهموني

فقضيت المزيد من الوقت

معهم. أصبحت مهتماً بنظرتهم

إلى الحياة وتطلعاتهم وآرائهم

ومناقشاتهم والعديد من

القضايا الأخرى.

وأدركت عندئذٍ أنه لم يكن شيئاً
جديدا بالنسبة لي حقا. لطالما
فكرت في هذه الأشياء ولكن
كنت فقط بحاجة إلى حافز.
هؤلاء الأصدقاء الجدد هم من
حفزني لأكون ما أنا عليه اليوم.
كانت نصائحهم واقتراحاتهم
أساسية في تعزيز معرفتي
وخبرتي.

احضر النـــدوات، والمؤتمرات، والورش

لقد بدا حضور الندوات في البداية مهماً جداً، بالطبع. ولكن لاحقاً شعرت أنها ندواتٌ مملة. لكنني غيرت تركيزي على سبب حضوري لهذه النشاطات بعد أن نصحني أحد أصدقائي بعدم (سماع) المتحدث بل (الإصغاء) إلى ما يقوله.

بدأت في إيلاء المزيد من الاهتمام إلى محتوى الفعاليات، والأشخاص الذين حضروا وجميع الجهود المبذولة في تلك المناسبات. وتساءلت مراتٍ كثيرة: "هل ثمّة من يدفعِ المال لهؤلاء المتحدثين ليكونوا هنا؟ لماذا يتحدثون بشغفٍ كبير؟ لماذا يشجعنا أساتذتنا على الحضور ويدللوننا أيضاً بشهادة مشاركة؟"
لم أستطع فهم كلّ هذا، ومرة أخرى، جعلتني عادتي في طرح الأسئلة جائعاً للحصول على إجاباتٍ لا يمكن أن تأتي إلا من دائرة أصدقائي الجدد.

دوّن الملاحظات

من المضحك كيف أنه باتَ من الطبيعي رؤية الطلاب هذه الأيام يدخلون الفصل الدراسي بدون قلم، والأسوأ من ذلك عندما يدخلون بدون دفتر ملاحظات.

حقاً!

إن كنت تفعل الشيء نفسه فعليك أن تخجل من نفسك. لن تقضي حياتك بأكملها في تلك القاعة؛ لن تصاب بشيء إذا دونت ما يُذكر أمامك. نعم، **أنت**، وليس أي شخص آخر. حتى لو لم تكن أنت صاحب قرار الالتحاق بالجامعة، فإن ثمّة شخص يهتم بك بما يكفي لإرسالك إلى هناك، لذا قم برد الجميل ودوّن الملاحظات في الفصل والمنتديات وفي أي مكان آخر تذهب إليه.

لا يعقل أنّ لديك ذاكرة سحرية تحفظ كلّ كلمةٍ تقال؛ لقد ثبت علمياً أن هذا شبه مستحيل ما لم تكن أنت راسل كرو في فيلم "عقل جميل" ويمكنك كتابة الخوارزميات في أقل من 10 دقائق على جدار الفصل الدراسي. سواء كنت في فصل دراسي أو في ندوة، سواء كانت مجانية أو مقابل رسوم، فإن شخصاً ما، في مكان ما في العالم، أقل حظاً منك وليس لديه حتى سقف فوق رأسه. والأسوأ من ذلك أن بعض الناس يعتبرون أنه من الرائع التجول بدون دفتر ملاحظات، أو اعتبار دفتر الملاحظات غير عصري ولا ينسجم مع بقية الإكسسوارات. **لن أقول لك سوى: انضج!**

جرّب العصف الذهني مع الأصدقاء

إنك تتعلم شيئاً جديداً كلّ يوم. أصبح العصف الذهني القاعدة في جميع المؤسسات اليوم لمساعدة صانعي القرار على الوصول إلى أفضل الحلول الممكنة لأي مشكلة أو فرصة.

لدينا جميعاً حدود؛ لذلك، نسعى للحصول على مساعدة الآخرين للتعويض عما لا يمكننا تغطيته. إذا كانت لديك فكرة، فشاركها مع الآخرين؛ لا تقلق بشأن سرقة شخصٍ ما لفكرتك. يمكنك حماية نفسك من خلال حفظ فكرتك بشكل قانوني أو جعلها عامة. ولكن، أعتقد أنه إذا كان لدى شخص ما فكرة جيدة جداً وكان واثقاً من تطويرها بطريقته الخاصة، يمكنه مشاركة الفكرة لأنه في النهاية صاحب الفكرة وحده من يعرف كيفية تنفيذها.

اصنع معروفاً للناس.
سيردونه لك بالمثل

هذا بسيط !

لم أحقق ما أنا عليه اليوم لو لم أقدم الخدمات التي قدمتها للناس طوال حياتي، سواء كانوا أصدقاء أم زملاء أم معارف أم مجرد أشخاص عشوائيين.

أنتم تعرفون المقولة: "كما تُدين تُدان"
أو في الواقع: "عامل الناس كما تحب أن يعاملوك".

كل إنسان لديه مهارة ما، قد يكون بارعاً في تقديم العروض التقديمية أو بارعاً في تقنية المعلومات؛ ومهما كان الأمر، فإن ثمّة شخص لا يمتلك نفس المهارات التي تمتلكها أنت ... وعلاوة على ذلك: إنه بحاجة إلى هذه المهارات لغايةٍ ما. كن حاضراً من أجل هذا الشخص. في الوقت نفسه، ربما يكون هذا الشخص صاحب مبنى سكني، وأنت تتطلع إلى الانتقال إلى شقة ولكن لديك ميزانية محدودة. أنت تعرف أن هذا المالك هو أملك الوحيد في الحصول على صفقة جيدة، والإجابة على كيفية الحصول عليها واضحة جدا. إن العالم يعمل على هذا النحو ولطالما كان كذلك.

قدم خدماتك لأصدقائك وعائلتك

أولاً. هذا جزء من اختبار منتجك أو خدمتك قبل تأسيس عمل ما

إذا شعرت بالقلق حيال إنشاء متجر، وتوظيف الموظفين، وتجهيز كلّ التفاصيل، وخشيت من احتمال ألا تبيع شيئاً، فإن أفضل طريقة لاختبار سوق منتجك هي أن تحاول بيعه لأقربائك أو من حولك.

باعت إحدى الزميلات مرةً مجوهرات يدوية الصنع بقيمة 1000 دولار شهرياً

$1000

دولار شــهــريــاً

لأصدقائها في العمل وبعد مدةٍ من الوقت استقالت وأقامت مشروعها الخاص لأنها كانت واثقة من نجاحها. انتشرت الأخبار عن عملها كالنار في الهشيم من خلال تناقل الكلام. واليوم تعمل مستقلةً وتحقق نجاحاً ملموساً لنفسها. إنه النهج الأكثر أماناً وخلواً من المخاطر الذي يمكن لأي رائد أعمال طموح اتباعه.

تحدث إلى زملائكَ رواد
الأعمال عبر وسائل التواصل
الاجتماعي، واطلب المشورة
والمساعدة

يوجد العديد من رواد الأعمال ممن هم على استعدادٍ لمساعدة الآخرين على تحقيق ما أنجزوه. قد تتخذ هذه المساعدة شكل المشورة أو مراجعة الخطط أو العديد من الطرق الأخرى. إنها أفضل طريقة للتعلم والتأكد من أنك تفهم كلّ ما أنت بصدد القيام به من وجهة نظر الأشخاص ذوي الخبرة.

تلك طريقة أخرى لتجنب المخاطر والخسائر. ربما تظنّ أن الدخول في صناعة معينة أمر سهل ولكن في الواقع إن الأشخاص الذين يعملون في تلك الصناعة يكافحون يومياً لمجرد الحفاظ على استمرار العمل ودفع الفواتير. لا تفرط في الثقة، لأن ذلك يقودك إلى الدمار.

اقرأ السير الذاتية

لرجال/ أو سيدات الأعمال الناجحين

من خلال الاطلاع على حياة الأشخاص الأنجح في العالم، يمكنك تصوّر كيف يمكن للمرء أن يبدأ رحلته في عالم الأعمال. ما الظروف التي أحاطت بهم، وكيف حصلوا على التمويل؟ ما التحديات التي واجهتهم؟

كل هذا وأكثر يمكن أن يساعدك على خلق انطباع بصري حول كيفية وضع نفسك في مكان هذا الشخص لتحقيق النجاح نفسه داخل بيئتك أنت. إذ من الممكن أن بعض ظروف رجال الأعمال قد تكون منطبقة على ظروفك وبعضها لا. عليك أن تقرر من يلهمك أكثر.

الصلاةُ،

أفضلُ علاجٍ للخوف

غالباً ما أسمع من عدد غير قليلٍ من رجال الأعمال الطموحين عن الخوف الذي يثير القشعريرة في أبدانهم عندما يفكرون في إنشاء مشروعٍ جديد. ثمّة خوفٌ من الفشل، وخوفٌ من المجهول، وخوفٌ من آراء الناس، وما من حلّ أفضل لكل هذا القلق من اللجوء إلى الصلاة. أثناء الخشوع للصلاة، يمكنك تركيز كلّ انتباهك على الحصول على التوجيه والإجابات والعون والدعم. وقد ثبت طبياً أنّ التأمل يخفف من التوتر والقلق ويوصى بخوض هذه العملية يومياً.

الحياة في جوهرها تقوم على المخاطر: فالقيادة مخاطرة، والزواج مخاطرة، لكننا لم نتوقف عن الحياة، أليس كذلك؟

لم يتوقف الناس يوماً عن خوض المخاطر وأعتقد أن الأحرى بهم ألا يتوقفوا. بل من المخيف ألا يفعلوا. من الطبيعي أن تكون قلقاً بشأن المخاطر لأنّ ثمّة شيء على المحك طوال الوقت. ومع ذلك، يوجد طريقتان للتعامل مع أي شيء في

الحياة:

إما بشكل إيجابي أو سلبي. على سبيل المثال، يمكنك أن تقول لنفسك، "سأبدأ هذا العمل وإذا فشلت، فهناك دروس سأتعلمها من هذه التجربة"، أو يمكنك الاستمرار في القلق بشأن ما سيقوله الناس، وهو أمر لا يهم حقاً، ولكن لسبب ما يدور سؤال في رأسك،

"أكــون
أو لا أكــون"؟

ابدأ صغيراً،

باشر

بخطوات صغيرة.

وكما يقول المثل،

قبل أن تركض،

تعلم المشي

أستخدم دائماً مثالاً بسيطاً:

كيف تعرف ما إذا كنت ستنجح في تأسيس محلٍ لبيع العصير على سبيل المثال؟ الجواب سهل: ابدأ بمنصة صغيرة لبيع الليمونادة، على سبيل المثال، وراقب كيف تتقدم من هناك. لن تحقق أرباحاً عالية في البداية ولكن هذا النهج سيعطيك بالتأكيد فكرة عن كيفية إدارة الأعمال والتعامل مع العملاء والمال.

إذا قبلت الربح،

عليك أن تقبل الخسارة.

التفكير على المدى الطويل،
أسهل من التنفيذ،

أعرف ذلك!

إذا قبلت الربح، عليك أن تقبل الخسارة. لكنها الحقيقة ... وكذلك الطبيعة البشرية. لا يقبل الكثيرون منا الخسارة بسهولة. لا تفقد عقلك عندما تخسر. وفّر على نفسك وعلى الناس من حولك الذعر والهلع. في نهاية المطاف، إذا بدأت من جديد، ستعرف ما تفعله وما لا تفعله لتجنب المزيد من الخسائر.

وثّق

كلّ شيء من التصور إلى البداية، وأنشئ ملفاً، واحفظ نسخةً من جميع الإيصالات والاجتماعات وما إلى ذلك.

قلةٌ من الناس يفعلون ذلك؛ إنها عملية دقيقة أعترف بذلك، لكنها مهمة للغاية. لقد تحققت انتصاراتٌ في الحروب بفضل الوثائق المهمة عن الدروس المستفادة التي حفظت واستخدمت لصالح أحد الأطراف.

من أجل تنظيم العمل وعدم مواجهة صعوبات في التواصل أو إدارة العمليات التشغيلية، فإن توثيق كلّ عملية واجتماع وملف يساعدك على تسهيل العمليات في أي موقف، سواء في الشركة أو حتى في الأسرة. ولعل أهم ما عليك تذكره إنشاء عمل أو مشروع مستدام حيث يفهم الموظفون والمساهمون وجميع المعنيين فحوى هذا العمل من أجل الحفاظ على مبادئ هذا العمل.

فكر في الأجيال القادمة.

اليوم، قلةٌ الذين يفكرون جدياً كيف أو من أين ستكسب الأجيال القادمة رزقها.

نعم، تتخذ الحكومة اليوم عدة خطوات لمعالجة هذه القضية من خلال تنويع استثماراتها في قطاعات مختلفة من الاقتصاد وتقليل اعتمادها على عائدات النفط. لذلك، علينا أن نفكر في الإرث الذي نودّ أن نتركه للأجيال القادمة وأن نضع لهم الأسس التي يمكنهم التعويل عليها.

إذا عملنا بجد لنكون قدوة لهم، فإنهم بدورهم سيعملون بجد للتفكير بشكل استراتيجي في التحديات المستقبلية التي قد يواجهونها.

إذا لم تكن شخصاً محبوباً، تقفُ رحلتكَ هنا.

السمعة هي كلّ شيء!

نعم، وإذا كنت تقرأ هذا فأنت تعرف بالضبط ما أعنيه. في مجال الأعمال، تحتاج إلى أن تكون

محبوباً من قبل الناس، عليهم التأكد

من أنك **صادق ومؤتمن وجدير بالثقة** ولست طامعا **بالمال** وحسب.

تكتسب معظم الأعمال عن طريق التوصيات. فإن كان ثمّة شخص لا يحبك، فمن المرجح أن يحدّث 100 شخص عنك وإن كان يحبك، ربما يحدّث شخصاً واحداً فقط عنك. اعمل على تحسين صورتك، أو ابحث عن شريك محبوب وقادر على أن يكون "واجهة" العمل. أو، فقط لا تدخل في مجال الأعمال أساساً.

المظهر

مهم جداً.
تمرّن، تسوّق
واعتنِ بمظهرك وأناقتك

الانطباعُ الأول انطباعٌ دائم.
يفحص الأشخاص عموماً المظهر
الخارجي للشخص عند لقائه أول
مرة؛ وهذا يساعدهم على تحديد
ما إذا كانوا يوافقون على هذا
الشخص وما يمثله أم لا.
على سبيل المثال، لن تكون
مرتاحاً تماماً لمقابلة طبيب يرتدي
زي عامل بناء. بصرف النظر عن
قواعد اللباس، بالطبع،
الأناقة مهمة؛ كلما كنت أنظف
وأرتب، كان الانطباع أفضل.

لا تكــــن عنيــداً

لن يقودك عنادك إلا إلى الـ فـ شـ ل

هذا ما لا يدركه بعض الناس. إذا قدم لك شخص ما نصيحة، فمن الواضح أنه يهتم بك، لا سيما إذا كنت ترى بوضوح أنه لا يحكم عليك أو يطلب منك فعل شيء خاطئ. يوجد العديد من الأشخاص الذين يأنفون طلب المشورة من الغير وهم **عنيدون بطبيعتهم**، مما يؤدي إلى كارثة أو مصيبة. فإن كان بالإمكان تجنب ذلك، احرص على أخذ النصيحة والاستفادة منها إلى أقصى حدّ. ربما تظنّ أنك تعرف كلّ شيء، لكن الحصول على رأي ثانٍ أو ثالث لن يضر أيضاً. كلّ معلومة مهما صغرت لها قيمة بطريقة أو بأخرى. الأمر كله يتعلق بكيفية تقييم واستخدام هذه المعلومات لـصالـ حـ كـ.

،، إذا قدم لك شخص ما نصيحة، فمن الواضح أنه يهتم لأمرك. ""

ثــق بحدسك

أقول دائماً للناس، لا تثق بقلبك وعقلك عند اتخاذ قرار مهم؛ ثق بحدسك.

هذا الشعور الذي ينبع من أعماقك يجعلك إما مرتاحاً أو غير مرتاح حيال اتخاذ قرار بعينه. إن الحدس أشبه بالحاسة السادسة ولطالما كان صادقاً بالنسبة لي.

ستدرك أن هذه الغريزة تعمل عندما تتجاهلها فتندم. أحب أن أفكر في الشعور الغريزي على أنه رسالة فورية من الله؛ كلما أردت اتخاذ قرار حاسم في حياتك، يتدخل

الله

وبسبب افتقارك إلى المعرفة أو ربما بسبب سذاجتك، يمنحك فرصة ثانية.

قابل للكسر

تحدث مع نفسك. لا تقلق، أنت لست معتوهاً إذا فعلت هذا. الجميع يتحدثون مع أنفسهم

نعم، أنا أفعل هذا طوال الوقت، وهذا يزعج عائلتي. يظنون أنني مجنون، لكن أتعلم؟

إن التحدث إلى نفسي، والنقاش مع نفسي، يسمح لي بإخراج الكثير من الأفكار التي لما كانت لتظهر قطّ.

قابلت بعض الأشخاص الذين يقومون بذلك أثناء القيادة، أو عندما يكونون في المنزل وحدهم، أو عندما يمارسون الرياضة أو حتى أمام المرآة. أنت أكثر ثقة في هذه الحالة، لأنه لا أحد هنا للحكم عليك سوى نفسك. تشعر بالحرية والاسترخاء ويمكنك قول ما تشاء واستخدام أي لغة تشعر بالراحة معها.

اتخذ صديقاً محامياً. إذا لم يكن لديك، ابحث عنه!

1

المحامون مفيدون دوماً. أولاً، يكلّف المحامون ثروةً؛ ثانياً، والأهم من ذلك، ستحتاج إليهم منذ البداية وفي كلّ خطوة تخطوها في مسار عملك بعد ذلك. بصيرتهم ومعرفتهم بالقانون التجاري والمدني يمكن أن تحميك من الخسائر والدعاوى القضائية والأضرار وأي شيء من هذا القبيل. تحتاج باستمرار إلى صياغة اتفاقيات مع الشركاء والعملاء والموردين وغيرهم؛ يجب إنجاز ذلك بطريقة مهنية. بصرف النظر عن كلّ المصطلحات القانونية، يساعدك المحامون على قراءة السطور المكتوبة بخط صغير جداً والتي يتجنبها الكثيرون منا.

اصنع قاعدة بيانات

عليك الاحتفاظ بسجل للأشخاص الذين تقابلهم. عليك حفظ وتخزين بيانات الاتصال الخاصة بالأشخاص الذين تصادفهم؛ لن تعرف أبداً متى تحتاج إليهم، سواء كان ذلك لحضور حدثٍ ما أو القيام بأعمال أو طلب المشورة.

قواعد البيانات ذات قيمة كبيرة لدرجة أنه كان لدي صديق يكسب عيشه منها عندما ظل عاطلاً عن العمل لأكثر من عام. تقتل المؤسسات من أجل أمثاله

أمـزح طبـعاً.

اكتسب بعض الخبرة في العمل، حتى لو عملت دون أجر.

أنا محظوظ لأنني تربيت على يد أمّ تؤمن بالعمل الشاق لكسب لقمة العيش بدلاً من مجرد الحصول على مخصصات شهرية للإنفاق على الأفلام والوجبات السريعة وألعاب الفيديو.

علمتنا **والدتي**

أن نخصص وقتاً أثناء الصيف للعمل بدوام جزئي في وظائف متنوعة لاكتساب الخبرة والمال بدلاً من الاستلقاء في المنزل والتسبب بإزعاج. بدأت عندما كان عمري 14 عاماً ووجدت نفسي أعمل وأدرس خلال سنوات دراستي الجامعية. الخبرة التي اكتسبتها في هذه السن المبكرة لا تقدر بثمن ولن أفرط بها مقابل أي شيء في العالم.

انطلاقاً من الأشخاص الذين تقابلهم، والتنوع... كلّ شيء يصبح تجربة مذهلة من شأنها أن تساعدك على التعامل بأسلوب أكثر حكمة مع أي شيء تصادفه في الحياة. ستتعلم تجنب الأخطاء وتصبح فرصك في النجاح أعلى بكثير.

عندما تعمل، **تتعلم المعنى الحقيقي للمسؤولية، والعمل الجماعي، والانضباط، والأخلاق،** والعديد من الأشياء الأخرى التي تعتبرها أمراً مسلماً به عندما تكون طفلاً.

كن نشطاً أثناء مرحلة الدراسة، تطـــوّع.

دعنا نقول أنك لا تعمل وتدرس في الوقت نفسه، مثلما فعلت أنا. الحل الأسهل أن تكون نشطاً في المدرسة، وتنضم إلى النوادي، وتتطوع، وتحضر الفعاليات؛ كلّ هذا يمكن أن يفتح عينيك حقاً على تجارب جديدة كاملة. ستمتلك الشعور نفسه بالمسؤولية تجاه عملك إن لم يكن أكبر. عليك التعامل مع العناصر نفسها التي تعدّ ركائز الخبرة المهنية.

ستقع على عاتقك المسؤولية نفسها إن لم يكن أكثر تماماً كما تفعل في العمل. عليك التعامل مع العناصر نفسها التي تعدّ ركائز الخبرة المهنية.

بعض الأشخاص الناجحين لم يكن لديهم سنة واحدة من الخبرة في العمل وهم حيث هم اليوم بسبب نشاطهم خارج الأوساط الأكاديمية.

- شارك والعب دوراً فعالاً في الصف

لثقة في نفسك. ك

لى كسب الاحترام

من أساتذتك وزملا

لفصل. من المهم

وتباد

هذا يساعدك على بناء المزيد من الثقة في نفسك. كما يساعدك على كسب الاحترام والاهتمام من أساتذتك وزملائك في الفصل. من المهم مشاركة وتبادل المعلومات التي تمتلكها لأنك لا تعرف أبداً ما إذا كان بإمكان شخص آخر إضافة شيء جديد إلى ما تعرفه مما قد يساعدكَ في معالجة فكرة معينة في عقلك.

ئنك لا تعرف ابداً

إمكان شخص آخر

الوقت يعني المال لا تهدره

تهدره

365

25

كانت أمي تقول لي هذا مراراً. عندما كنت أصغر سناً،
لم أفهم قطّ قلقها الدائم بشأن الوقت. لطالما فكرت
وقلت لنفسي "هناك 365 يوماً في السنة وسنوات
عديدة قادمة"، حتى أدركت الآن، في سن الخامسة
والعشرين، أنّ الوقت يطير وكل دقيقة تمر مهمة
وقيّمة. بدأت حينئذٍ أتعلم المزيد عن إدارة الوقت
وأهمية التخطيط لما يجب القيام به كلّ يوم. وبدأت
في سد أي فجوة في يومي من خلال قراءة كتاب أو
متابعة الأخبار أو أي شيء من شأنه أن يضيف
معلومات قيمة إلى معرفتي. كما ذكرت في ورشة
عمل ذات مرة، يمكنك استخدام الوقت الذي تقضيه
في الانتظار في الطابور لقراءة شيء مفيد أو تدوين
ملاحظات حول الأشياء التي تريد القيام بها.

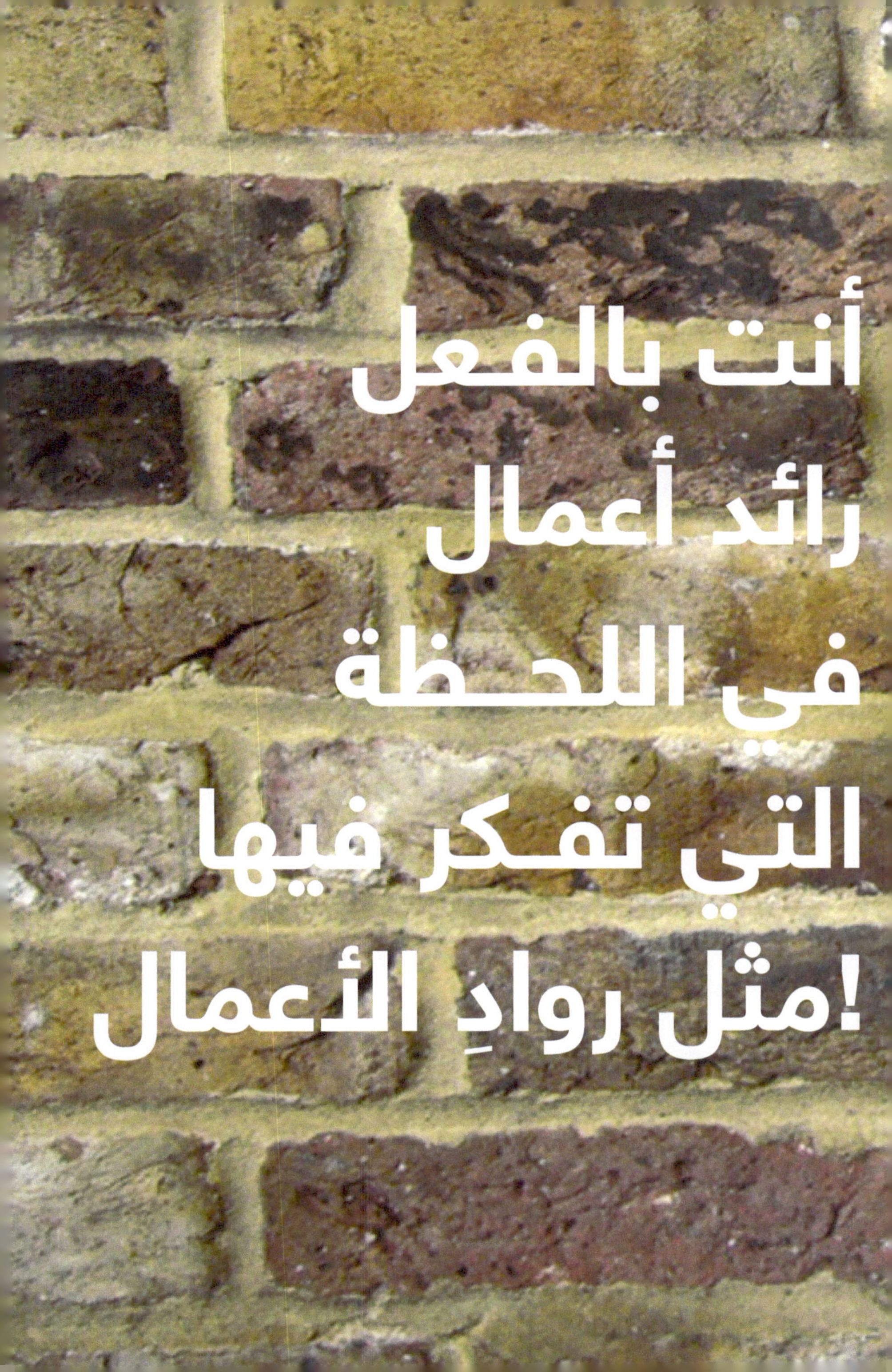

أنت بالفعل
رائد أعمال
في اللحظة
التي تفكر فيها
مثل روادِ الأعمال!

هناك أشخاص يكرهون المخاطرة **للغاية** ولا يريدون حتى التفكير في فتح مشروع تجاري. إنهم مرتاحون حيث هم ويفضلون الحصول على شيك راتب منتظم نهاية كلّ شهر.

لكــن،

يوجد أولئك ممن لديهم شعور داخلي بأن بوسعهم فعل شيء مختلف ويعرفون أنّ ما من شيء يحدث دون التفكير فيه ملياً أولاً. فإذا ما بدأت في التفكير في الأمر، فأنت على بعد خطوة واحدة من أن تصبح رائد أعمال.

ليكن لديك إيمان

في قدراتك

من المهم أن تؤمن بما يمكنك تحقيقه. يوجد أشخاص يرون إمكانات في قدرتك على التحدث أو ابتكار شيء ما أو تغيير شيء ما: عليك استغلال تلك القدرة أو تلك المهارة. لا تدع الأشخاص الخطأ يحبطوك. إذا كنت واثقاً من أنك تمتلك مهارة معينة يمكن أن تفيد المجتمع، بادر إلى استغلالها!

بادر إلى استغلالها!

قال ألبرت أينشتاين ذات مرة: "الاقتصادات التي ستنجح في القرن الحادي والعشرين ستكون اقتصادات تقوم على المعرفة لا على الموارد".

كل شـــيء ينتـهي، حتى الثروة النفطية

يمكننا أن نرى اليوم أن بلداناً مثل كوريا الجنوبية وسنغافورة وسويسرا وألمانيا والعديد من البلدان الأخرى تتقدم لأن شعوبها سعت جاهدة للحصول على أفضل تعليم وأن حكوماتها عززت

ريادة الأعمـــال، والابــتــكــار، والإبـــداع.

ولم تكتف شعوب تلك البلدان بتحدي عقولها، بل بذلت أيضاً قلوبها وأرواحها في سبيل جعل بلدانها تتفوق على الاقتصادات الأخرى. من الواضح اليوم أن رحيل العمال الأجانب سيعرض مجالات كثيرة للخطر: سيبقى عندئذٍ السكان المحليون فقط وعليهم تحمل مسؤولية دفع هذا البلد إلى الأمام. كما قال جون كينيدي ذات مرة: "لا تسأل عما يمكن أن يفعله بلدك من أجلك، بل اسأل عما يمكنك فعله من أجل بلدك". أعتقد أن هذا يلخص الأمر. بمجرد نفاد النفط، تقع على عاتق كلّ مواطن مسؤولية ضمان أن تتمتع أجيالنا القادمة بمستوى الحياة نفسه، إن لم يكن أفضل.

فكّر في الطاقة والإيـجابية والاستقلال والنجاح وإحداث فرق، فكّر في الإرث والأجـيال القادمـة.

لا يدرك الكثير من الناس أن لديهم القدرة والعزيمة لفعل أي شيء يريدونه. الأمر كله يتعلق بالعقل. إذا استطاع العقل البشري أن يتخيل الطيران في الفضاء عن طريق اختراع صاروخ وتحدي جاذبية الأرض، فإن كلّ شيء ممكن.

فكّر بإيجابية. قل لنفسك: "يمكنني فعل ذلك!" ستشعر فجأة أن الشرارة اشتعلت وها أنت تضع خططاً لما تريد القيام به. وما أن تفعل ذلك في الواقع، يصبح الأمر سهلاً وسلساً. سينظر إليك الجميع ويحسدونك أو يمدحونك أو، بالطبع، سيحاولون إسقاطك.

إذا أدركت أن لديك عادة سيئة تؤثر سلباً على طموحاتك مدى الحياة، تخلّص من هذه العادة على الفور لأن آخر ما تتمناه هو سماع شخص يقول لك، "لقد حذرتك من قبل!" أو تجد نفسك جالساً في زاوية غرفتك ورأسك بين ساقيك، ويداك تشدان شعرك وتندب حالك قائلاً: "لو أنني".

تحدّ

من عاداتك
تحرّر من عاداتك

كان لدي سابقاً عادة سيئة في إنفاق المال كما لو كنت أملك جزر فيرجن. في أحد الأيام خطر لي أنني في أواخر العشرينات من عمري مع مدخرات قليلة أو معدومة تقريباً وأردت أن أتزوج وأمتلك عقارات وجميع القلاع الأخرى التي نبنيها في الهواء. لذلك، طلبت مساعدة أحبائي لتسوية ديوني، واتخذت خطوة جريئة بتمزيق بطاقات الائتمان وأدرت ظهري عن الجانب المظلم من حياتي.

سيطر على الوضع وليس العكس

لدينا جميعاً صعوبات؛ هذا ما يجعل حياتنا مسلية.

كلنا نستمتع بأفلام الحركة، وأنا متأكد من أنك لم تر أبطالاً يطلقون النار على الأشرار دون قتال جاد وينتهي بهم المطاف منتصرين.

حياتك فيلم سينمائي أيضاً، وأنت البطل. أياً كان ما سيصيبك واجهه بكل الذخيرة التي لديك **تحمل المسؤولية، وسيطر على الوضع،** ولا تشعر بالضعف أو اليأس لأن الله إلى جانبك، تذكر. وكما يقال:

قد تفكر،

"كيف يمكنني السيطرة؟"

يهبُ الله
أعظم المحن
لأقوى مقاتل.

بادئ ذي بدء، لا ضرورة للذعر لأن الذعر يجعل الوضع أسوأ.

استخدم نهج الابتسامة الشهير لأنه ينجح دوماً مثل السحر. خذ نفساً عميقاً، وثق بي، إن التنفس يسمح لعقلك بالتفكير في الحلول. **تحدث إلى الأشخاص الذين تثق بهم لإعطائك أفضل نصيحة ومساعدتك في السيطرة على الموقف.**

تواصل،

اسأل

إنها الطريقة
الوحيدة التي
ستحصل من
خلالها على

الإجابات

أذكر أنني عندما كنت طفلاً كنت أجلس أمام التلفزيون ووالدي كعادته يشاهد الأخبار. كانت عيناه دائما معلقة على الشاشة بانتباه شديد جداً وتركيز على كلّ عنوان إخباري. مما أثار فضولي جداً. وهكذا اعتدت أن أجلس هناك دون أن أفهم حقاً ما يحدث، ووالدي يصرخ في وجهي لأنني أطرح الكثير من الأسئلة:

" مـــاذا حـــدث؟
لـــماذا يـتـحـاربـون؟
ما الـذي يحصل؟"

وغيرها من الأسئلة المزعجة. بالطبع، كنت أركض إلى أمي باكيا بين ذراعيها لأنني لم أستطع فهم سبب عدم حصولي على إجابة بسيطة.

لكنني لم أتوقف عند هذا الحدّ؛ تابعت عادتي المزعجة خلال المدرسة والعمل، وقبل أن أدرك، وصلت المعرفة التي اكتسبتها طوال حياتي القصيرة إلى مستوى ملحوظ. مع كلّ هذه المعلومات، تمكنت من إجراء حوارات مثيرة للاهتمام مع الطلاب والمعلمين والوزراء والمديرين التنفيذيين والعديد من الأشخاص البارزين.

اذهـب إليه؛

لن يأتي

إلــيك!

عندما يقولون أن الفرصة تأتي مرة واحدة في العمر، لا تفترض أنها ستأتي فقط عن طريق الصدفة. يمكننا خلق تلك الفرص من خلال السعي إلى أن نكون في المكان المناسب، وفي الوقت المناسب، وأن نفعل الشيء الصحيح ونتحدث إلى الأشخاص المناسبين. كان لدي جار اعتاد أن يشتكي وينتحب دائماً بشأن عمله لأنه لم يكن ما أراده.

فلما سألته عن العمل الذي أراده قال:
"عملٌ أفضل!"

كانت أغبى إجابة سمعتها في حياتي.

أخبرته أن يبحث في قطاعات عمل مختلفة، وأن يعمق معرفته بها ويحدد ما يبدو مثيراً للاهتمام من بينها. ثم قلت: تحرى مهاراتك، وكيف يمكنك توظيف مهاراتك في هذا العمل وهذا القطاع؟

لـيـــس علـــم ذرة!

بل مجرد حسّ سليم نقي، ولكن هناك الكثير من الأشخاص الذين يواجهون صعوبة في معرفة ذلك.

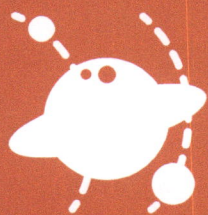

نـیل آرمسـترونغ

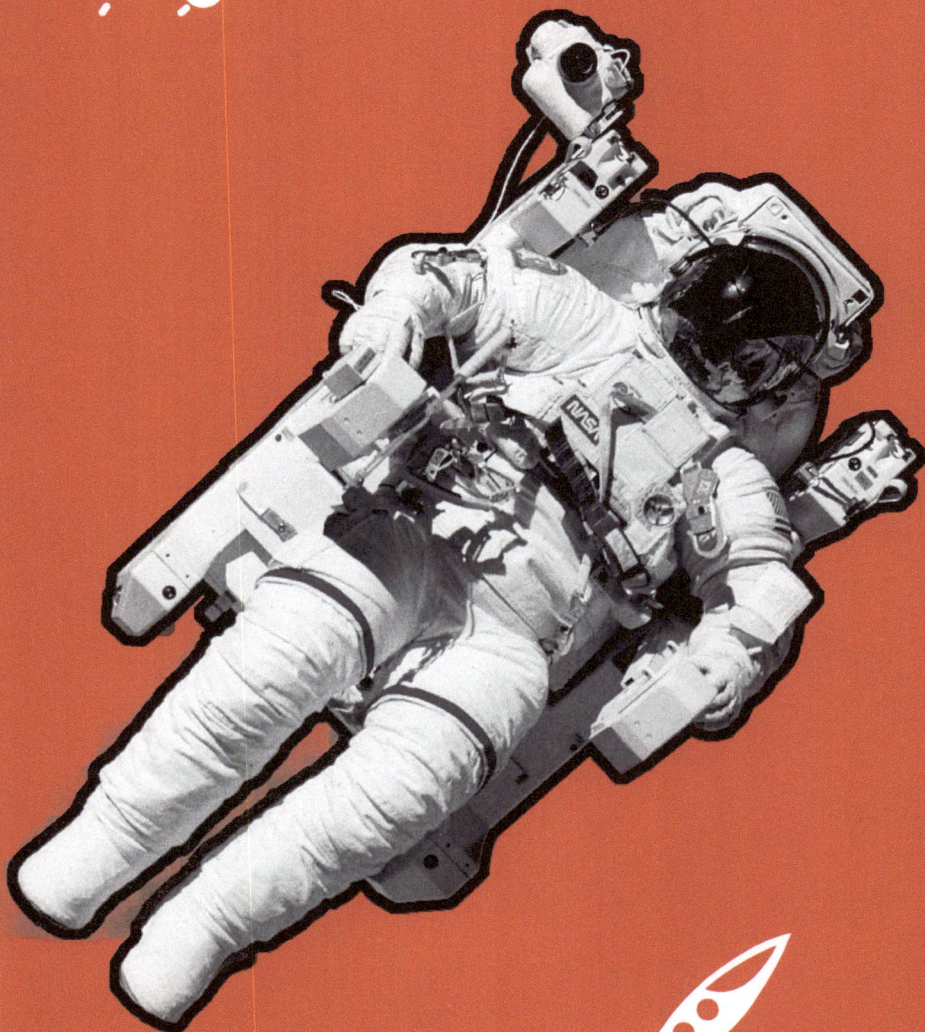

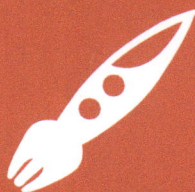

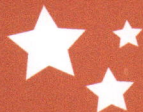

اسعَ جاهداً لتكون مميزاً!

قال صاحب السمو الشيخ محمد بن راشد آل مكتوم، نائب رئيس دولة الإمارات العربية المتحدة ورئيس مجلس الوزراء وحاكم دبي:

"

الجميع يتذكر رقم واحد، لا أحد يتذكر رقم اثنين أو ثلاثة.

"

90

وكان يشير إلى أول رجل هبط

على سطح القمر وكيف لا يزال

الجميع يتذكر القول الشهير **لنيل**

أرمسترونغ عندما هبط أول مرة

على سطح القمر:

"هـذه خطـوة صغيـرة للإنسـان؛

وقفـزة عمـلاقـة للبشـرية".

1

عندما تضع لنفسك هدفاً بأن تكون رقم واحد في كلّ ما تفعله، ستبقى دائماً في صدارة اللعبة ويساعدك على أن تكون

أكثر **قدرة على المنافسة.** مرة أخرى، سأشير إلى الإنجازات العظيمة التي حققتها إمارة دبي في إطلاق أول مترو في الشرق الأوسط، وأول جزيرة من صنع الإنسان والقائمة تطول.

لقد ساعد هذا المدينة على **كسب الاحترام** والتقدير ويمكنك القيام بذلك على المستوى الفردي أيضاً

الافتراض هو سبب كلّ الأخطاء؟

يخطئ الكثير من الناس في افتراض أنهم يعرفون تفاصيل موضوع معين أو أنهم يعرفون ما يشعر به الشخص الآخر أو يفكر فيه، وهذا يؤدي إلى الكثير من المشاكل.

نحن نحب الافتراض

لأنه مريح؛ أو ربما لأننا كسالى أو لا نبالي حتى.

إذا أخذ الناس الوقت الكافي لاستيعاب تفاصيل أكثر حول الموضوع (الشخص أو الشيء) المعني، سيكون لدينا عالم مثالي تقريباً.

أحبّ استخدام مثال التفكير في زميلك في العمل. يحدث أن تطلب الغداء لنفسك، مفترضاً أن زميلك تناول الطعام للتو دون أخذ الوقت الكافي للتفكير في أنه ربما لا يملك المال لطلبه لنفسه في ذلك اليوم بالذات.

استمع – كلّ منا لديه عينان، فتحتا أنف، أذنان ولكن فم واحد فقط؛ لهذا السبب يجب أن نصغي ضعفي ما نتحدث. (يوجد سببٌ لكل شيء).

أكبر مشكلة في التواصل اليوم أن الناس يصغون فقط لغرض الرد ولا يصغون لغرض الفهم. والإصغاء ينطوي على أكثر من مجرد سماع ما يقوله الشخص. كما أنه ينطوي على فهم منبع الشخص، وخلفيته، ومنطقه وتاريخه.

وهكذا، عندما **تفك شفرة**

المعلومات تصبح أكثر منطقية.

إذا أردت أن تكون مستمعاً جيداً،

عليك أن تكون واسع المعرفة

لتتمكن من اختيار المعلومات

الصحيحة. وإن كان لديك أذنان

وفم واحد فقط، فمن المنطقي

أن تستمتع إلى القصة من كلا

الطرفين. تلك هي الطريقة

لاتخاذ أفضل **القرارات.**

تعلم عن طريق الملاحظة

سـوف *تفاجأ بما* يمكن أن تتعلمه وما ستتعلمه فقط من خلال النظر

ستفاجأ بما يمكنك تعلمه وما ستتعلمه فقط من خلال مراقبة شخص ما. إنها الفطرة، تماماً كما تتعلم عندما تكون طفلاً من تصرفات والديك أو أشقائك. باستخدام هذه التقنية بذكاء، ستتمكن من تطوير مهارات مختلفة أو حتى تجنب ارتكاب أخطاء ارتكبها الآخرون عندما حاولوا لأول مرة. لذا، إذا كان ثمّة شيء في الحياة تهتم بفعله،

ابحث عن أفضل قدوة تحتذي بها.

قاوم الإغراءات، وتجنب !!!!!! الانحرافات والتأجيل

عندما تدرك ما تريد القيام به في الحياة، يمكن أن يواجهك الكثير من العقبات، أو الحوادث، والتي قد تجرفك بعيداً عن أهدافك. في حالتي، هذا أسوأ عدو لي. أعترف أنني لم أفعل أي شيء في حياتي دون أن يصرفني عنه مشاريع أكثر إثارة للاهتمام، أو أشخاص يدخلون أو يخرجون من حياتي، أو لأسباب صحية، أو بسبب الملل وغياب الدافع. أعلم أنك ربما تبتسم في هذه اللحظة لأنك تعلم أن هذا يمثلك على نحوٍ أو آخر. لهذا السبب أود أن أؤكد لقرائي وإخواني: لا تقعوا في فخ التأجيل! ستدرك لاحقاً، وأنت تضرب رأسك بالحائط، أنه ربما كان أكبر خطأ ارتكبته في حياتك.

تعرف على أصدقاء جدد

يتمتعون بالطموح، وابتعد

عمن يفضلون التحدث عن

السيارات والفتيات

ثمّة مقولة **عربية** شهيرة تقول:

من عاشر قوماً أربعين يوماً صار منهم.

العالم العربي يعرف بالضبط ما أعنيه. كلّ هذا له علاقة **بالأشخاص الذين تحيط نفسك بهم** إذا كنت تحيط نفسك بأشخاص متشابهين في التفكير، ستدرك ببطء أن أفعالهم تؤثر عليك بطريقة أو بأخرى. بالطبع، هذه مسألة شخصية؛ لكن وجهة نظري أكثر عمومية.

يوجد العديد من الأفلام التي سلطت الضوء على هذه النقطة.

فيلم فتيات لئيمات Mean Girls، الذي أدت فيه ليندسي لوهان دور فتاة بريئة التحقت بمدرسة ثانوية حيث كانت لا تحظى بشعبية وفجأة سحبتها ثلاثة فتيات غيّرنَ أسلوبها وعاداتها، وما إلى ذلك. يمكن ربط هذه الحكاية بالكثير من الأشخاص في الواقع.

سمعنا العديد من القصص حول

رواد الأعمال الناجحين الذين وصلوا إلى مناصبهم الحالية بسبب الأشخاص الذين أثروا عليهم على مرّ السنين. إذا عرفت هؤلاء الأشخاص بالفعل، فابق معهم؛ وإلا فابحث عنهم.

اقض بعض الوقت وحيداً

فكر وراجـــع كلّ ما قلـته وفعلـته خلال اليـــوم

يعدّ التأمل من أفضل التمارين للإنسان. من خلال قضاء بعض الوقت بمفردك وتذكر كلّ الأشياء التي قمت بها، والأشخاص الذين التقيت بهم، ستتمكن من تقييم سلوكك أو موقفك تجاه كلّ شيء. ستصل إلى نقطة تدرك فيها ما إذا كانت أفعالك صحيحة أم لا وكيفية تحسينها في المرة القادمة.

ابحث عن الشريك المناسب لعملك، الشخص الذي يمكن أن يكمّلك، مالياً أو تقنياً

يعتبر شريك العمل من أهم الجوانب التي قد تحتاج إلى دقة في الانتقاء: إنها علاقة تدوم مدى الحياة. الشراكة علاقة حقيقية. ومشروعك هو طفلك. لذلك، كما هو الحال في العلاقة الشخصية، عليك أن تختار بعناية فائقة الشريك الذي تريد أن يشاركك رعاية طفلك وتربيته. لمجرد أن شخصاً ما صديقك أو قريبك أو غير ذلك، فإنه ليس بالضرورة سبباً وجيهاً للدخول في شراكة معه. عليك انتقاء شخص لديه الطموحات نفسها ورؤية للعمل تشبه رؤيتك، ويوافق على الشروط التي يضعها كلّ منكما. تذكر أن هناك الكثير على المحك إلى جانب المال، مثل السمعة، على سبيل المثال.

لا بأس

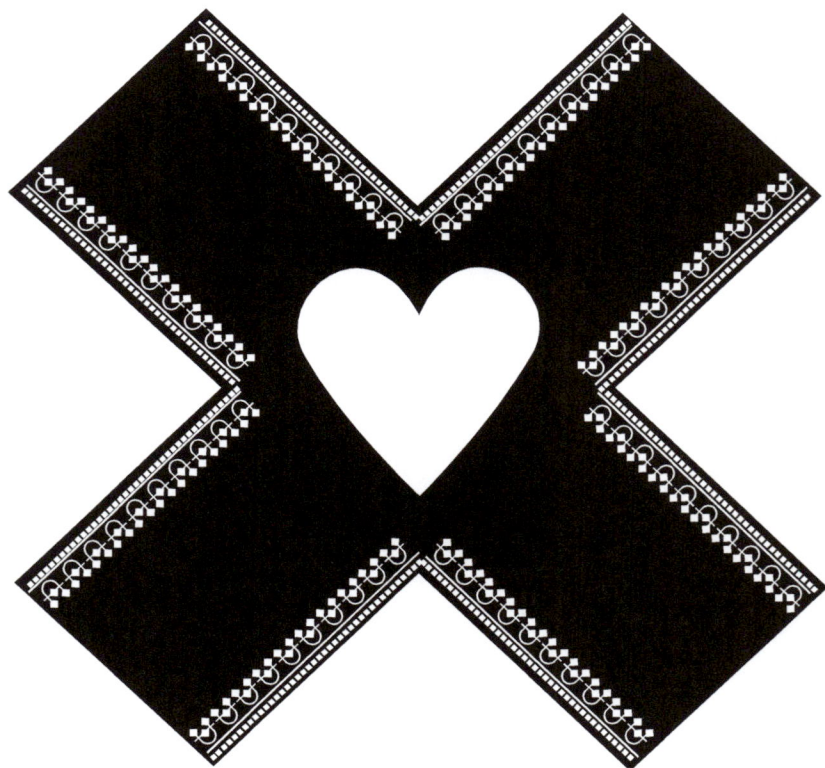

إن أخطأت

وإلا كيف ستتعلـــم؟

إذا لم تبادر إلى فعل ما تريد، أو تخشى ارتكاب الأخطاء، فلن تحقق حلمك أبداً.

لذا قم بذلك،

بالنتيجة، إن الشيء الأهم، سواء كان الخطأ كبيراً أم لا، أنه هناك الكثير من الاحتياطات التي يمكن للمرء اتخاذها. ثمّة أشياء يمكن أن تكون تحت سيطرتنا تماماً، ولكن نحن مجرد بشر. أظهرت الدراسات أن الابتكار يأتي نتيجة العديد من الأخطاء التي أدت إلى ما نحن عليه اليوم. لذلك، امض فيما تفعله ولكن اكتب قائمة بكل الأشياء التي عليك القيام بها قبل البدء.

كن صبــــــــوراً وهــادئاً.

ليست نهاية العالم بعد؛ ولو كان الأمر كذلك،

لـــعـــرفـــت!

الصبر فضيلة لطالما قالوا لنا هذه الحكمة عندما كنا صغاراً. ولكن، يتفق معظمنا على أن الصبر صعب، والصبر مزعج والصبر مؤلم في صميمه. ونحن نعلم جميعاً أن تلبية الرغبة أو الحاجة في لحظة معينة لا يشبه الحصول عليها لاحقاً (هذا ما يخبرك به الجانب المظلم من العقل). لكن الجزء الآخر الأكثر عقلانية من العقل يذكرك بأن "الأشياء الجيدة تأتي لأولئك الذين ينتظرون".

"الصبر مفتاح الفرج"

وكلما تمكنت من تذكير نفسك بالجانب الجيد، كانت القرارات التي تتخذها أفضل.
أعرف شخصاً كان عمره حوالي 25 عاماً وأراد شراء سيارة رولز رويس.
على الرغم من أنه كان يستطيع دفع ثمنها، فقد سألته عما ينوي شراءه لاحقاً بعد أن يشعر بالملل من هذه السيارة. طائرة؟ قطار؟ أو ربما صاروخ فضائي؟ لكلّ شيءٍ وقته. تثير وسائل الإعلام اليوم الرغبة لدى الناس بامتلاك كلّ شيء وتوحي لك بأن "لاحقاً" يعني قاب قوسين أو أدنى، وأنه ينتظر وصولك بفارغ الصبر.

تجاهل المشاكل التافهة؛ لا تدعها تقضي على أفضل ما لديك

إنه لأمر مدهش كيف يصنع بعض الأشخاص قضية كبيرة من أشياء تافهة للغاية. تذكر شيئاً واحداً وحسب — إنها لا تستحق العناء. نعم، إنها مسألة تتعلق بالشخص نفسه وما يبدو تافهاً في نظرك قد يبدو عكس ذلك في نظر شخص آخر. لكن ضع دائماً النهاية في الاعتبار وتذكر ما الذي تقاتل من أجله ولماذا.

إذا لم تتمكن من حلّ مشكلة بسيطة، فابحث عن طريقة لتجاوزها. يوجد دائماً حلّ لكلّ شيء، ولكن غالباً من الصعب إدراك ذلك.

انتعل حذائك الرياضي، لأن

الطريق طويل!

إذا نويت المغامرة بخوض تجربة جديدة، فاستعد لمواجهة الكثير من الدراما. إنها أشبه بلعبة سوبر ماريو؛ عليك اجتياز العقبات والمستويات المختلفة للحصول على المزيد من النقاط.

لا شيء سهل!

إضافةً إلى أنّ ما يأتي بهذه السهولة، يفتقد إلى أدنى قدرٍ من الإثارة. كما يقال: "ما يأتي بسهولة، يذهب بسهولة". عليك الدخول في أحاديث مع الكثير من الناس، والخوض في كلّ أنواع المشاكل، والتظاهر بالتأييد والتملق، والقائمة تطول.

ابحث عن

أكبر **أخطاء** رواد الأعمال، ولا تبحث فقط عن قصص نجاحهم.

أفضل جزء في البحث عن رواد الأعمال هو التعرف على جميع الأخطاء التي ارتكبوها على مر السنين للوصول إلى ما هم عليه اليوم. إنها طريقة رائعة لرؤية أنهم، في النهاية، مثلك تماماً. وبالطبع، من الأفضل أن تقرأ لأن القراءة تساعدك على تجنب ارتكاب الأخطاء نفسها.

قرأت كتاباً مرة عن رجل الأعمال الإماراتي، خلف الحبتور، الذي أصبح الآن قطباً في مجال الإنشاءات والبناء. بدأ ببيع الخيام، والذي أثبت أنه من أكبر الأخطاء التي ارتكبها على الإطلاق. نعم، القصة جعلتني أضحك ولكن أيضاً علمني أن المثابرة والتعلم من أخطائك سيأخذك إلى مستوى آخر.

لا تفعل شيئاً لمجرد إثارة إعجاب أصدقائك أو أياً يكن؛ سينتهي بك الأمر

إلى الاكتئاب

ضغط الأقران أمرٌ تحملناه جميعاً تقريباً في وقت ما من حياتنا، سواء كان ذلك من العائلة أو الأصدقاء أو المجتمع فقط. **صادفت العديد من الأشخاص الذين يفعلون أشياء لمجرد إرضاء الآخرين من حولهم، فإذا كان ما يختارون القيام به لا ينطبق على ما لديهم شغف حياله، سيفشلون عاجلاً أم آجلاً.**

يجب أن تكون قدوةً، ومبتكراً، ولا تكن تابعاً. أتذكر إعلاناً تلفزيونياً عن عطر الرجال هوغو بوس حيث يأمر الصوت في النهاية المشاهد قائلاً: "لا تقلّد، ابتكر!" وأنا دائما أقترح الشيء نفسه على الناس.

"لا تقلّد، ابتكر!"

التضحية أفضل صديق لك وليست عدوك

عندما تسعى لتحقيق أحلامك، عليك أن تدرك أنّ ثمّة تضحيات عليك القيام بها. لأننا بالطبع نعيش في عالم حيث لا يمكنك الحصول على كلّ شيء (بالطبع لا أتحدث عن قائمة فوربس لأغنى مئة ملياردير) ولكن المهم هنا أنك حين تكون في مرحلة السعي للحصول على ما تريد، قد تحتاج إلى اختزال الوقت مع الأصدقاء أو العائلة أو العكس بالعكس. يعتمد القرار الذي تتخذه في النهاية على مدى رغبتك في تحقيق أهدافك.

تذكر، إنه عالمٌ قائمٌ على الأخذ والعطاء!

لا تـــنس:
"وَمَا الْحَيَاةُ الدُّنْيَا إِلَّا لَعِبٌ وَلَهْو."

أود أن أشير إلى كتابين حول هذه الرسالة. أولاً، يوجد آية من

القرآن الكريم

تقول:

"وَمَا الْحَيَاةُ الدُّنْيَا إِلَّا لَعِبٌ وَلَهْوٌ
وَلَلدَّارُ الْآخِرَةُ خَيْرٌ لِّلَّذِينَ يَتَّقُونَ ۗ
أَفَلَا تَعْقِلُونَ"

ثانياً، في كتاب "فن الحرب"، يقترح المؤلف أن تعيش كلّ يوم كما لو كان الأخير. النقطة المهمة هنا، أنّ ما نعيشه جميعاً الآن هو اختبار؛ وأنّ كلّ ما نقوم به، ونقوله، ونسمعه، ونشعر به وكيفية تفاعلنا مع هذه الأحاسيس هو بالضبط ما يهم. كلما ظهرت مشكلة، يميل بعضنا إلى المبالغة في ردّ الفعل ونعتقد أنها نهاية العالم.

ولكن إذا توخينا الهدوء ووضعنا الأمور في نصابها الصحيح، فقد تظهر البدائل أو قد يحين الوقت المناسب. لا حاجة للتوتر والقلق بشأن بعض الأشياء في الحياة لأنها ستمضي في نهاية المطاف. عندما نشعر بالتوتر حيال شيء ما، من المحتمل أن تلحق الضرر بصحتك، وتؤثر على الآخرين من حولك، وتتخذ قرارات غير عقلانية وربما تجعل الأمور أسوأ.

كن اللاعب، ولا تكن اللعبة

من السهل جداً استغلال هذا، إما بسبب قوتك أو ضعفك. احرص على جعل الناس يعملون وفقاً لشروطك وليس العكس.

نعم،

لدينا جميعاً مصالحنا الخاصة التي نريد تحقيقها، ولكن تأكد من حصول الجميع على حصتهم العادلة من الصفقة. لا تسمح لأحد بأن يجعلك تقوم بالعمل القذر من أجله.

الطمع

الطمع

الطمع

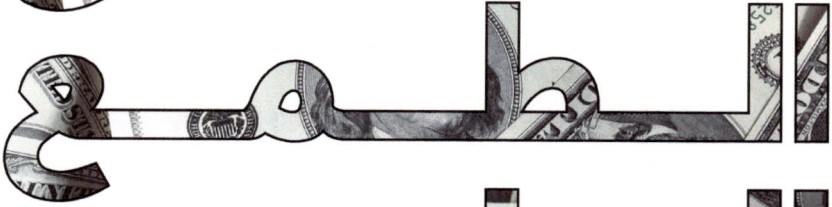

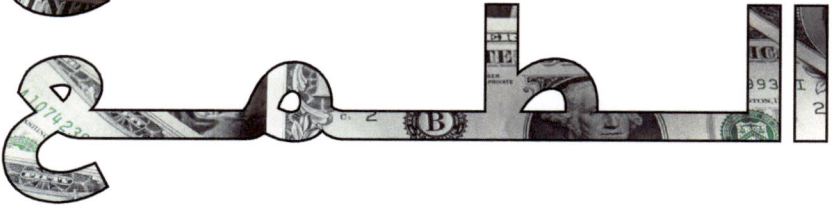

أداة الشيطان لتدميرك،

لا تنخــدع

لقد تعلمنا جميعاً في مرحلة ما من حياتنا أن
هناك فرق بين

الـرغبــة والــحـاجـة.

حاول ألا تنشغل بالرغبات، مهما كانت مغرية.
لأن كلّ ما يتطلبه الأمر لتصبح طماعاً هو
إرضاء الرغبة، ثم رغبة أخرى، فأخرى، وسرعان
ما تصبح جشعاً لدرجة أنك ترفض أن تترك
شيئاً لأولئك الذين يحتاجون إلى مساعدتك
أكثر من غيرهم.

لا تتجاهل النصيحة،

ولكن تقبل النقد أيضاً؛ لن تتلقى النقد لو لم تفعل شيئاً خاطئاً في المقام الأول

كثير من الناس اليوم يرفضون أن يقال لهم أنهم أخطأوا. وكل حياتهم تدور حول أنفسهم. لا بأس بهذا ولكل شخص الحق في الاحتفاظ بحيزٍ شخصي، ولكن في الوقت نفسه إذا توقفت قليلاً لاستيعاب تعليقات شخص آخر، فقد تدرك أنه بشكل أو بآخر أن هذه النصيحة مفيدة أو لعلها تكون مفيدة لك في وقت ما في المستقبل. في النهاية، كيف ستتعلم التحسن إذا أخبرك شخص ما أنك مثالي طوال الوقت؟

نحن نعيش في عصر سريع التغير
ونحتاج إلى التطور باستمرار والتكيف
وتحسين أنفسنا.

العلامة الشخصية

- اقرأ عنها.

I ♥ NY®

لن أنسى قطّ النصيحة التي تلقيتها من إحدى الصديقات. قالت لي ذات مرة، "عمر، عليك أن تقرأ عن بناء العلامة الشخصية (personal branding)". لم أفهم أبداً ما كانت تعنيه أو لم كانت نصيحتها مهمة حتى اليوم. يعرف الناس بعضاً من أعظم العلامات التجارية اليوم من خلال الأشخاص الذين أحدثوا ثورة في صناعات تلك الشركات:

مايكروسوفت - بيل غيتس، أبل - ستيف جوبز، جنرال إلكتريك - جاك ويلش، وغيرهم.

أو يمكن أن ننظر إلى أمثلة أخرى:
الإسلام – النبي محمد (صلى الله عليه وسلم)، المسيحية – عيسى (عليه السلام).
ودول مثل الإمارات العربية المتحدة – الشيخ زايد، عمان – السلطان قابوس.

أحـــب هـــذه الـرسـالــة

حول العلامة التجارية الشخصية لأنها تغطي تماماً كلّ نقطة ناقشناها في هذا الكتاب. بدأت أهمية الأشخاص الذين يقفون وراء الشركة أو الدين أو البلد الذي كانوا يحاولون الترويج له أولاً بالترويج لهوياتهم من خلال جعل الناس يتحدثون عنهم لا أن يتحدثوا هم عن أنفسهم. إنجازاتهم جعلتهم قادة قولاً وفعلاً. بمجرد أن تتمكن من كسب ثقة الأشخاص الذين ترغب في قيادتهم، ستنجح في النهاية في الترويج لأي شيء آخر تمثله.

كـن حازمـاً وهجومياً ولاتكـن مسيئاً.

إذا أردت أن يأخذك الناس على محمل الجد في الحياة، فأنت بحاجة إلى ضبط أفعالك. اللطف وحده لا ينفع، على الأقل ليس في هذا العالم. من الجيد أن تكون قادراً على المنافسة، ولكن فكر في الصالح العام للجميع وليس فقط لنفسك. عندما ينجح الآخرون بفضلك، ستحصل على هذا العون منهم. ولكن لجعل الناس يعملون لصالحك ووفق إيقاعك أنت، عليك أن تتصرف بحزم وأنت تحفزهم على القيام بذلك من أجل الصالح العام.

لقد نجح معظم القادة بتغيير البلدان أو الشركات فقط من خلال نهجهم القائم على شخصياتهم القوية والذي أثر على الناس وجعلهم يعملون من أجل تحقيق أهداف القادة. لكن عليك أن تؤدي نوعاً من التوازن الدقيق بين أن تكون قاسياً ولطيفاً في الوقت نفسه. عليكَ أن تفهم الثقافات والخلفيات المختلفة والتفاصيل الدقيقة الأخرى التي، إذا أسيء تفسيرها، يمكن أن تؤدي إلى فشل كارثي.

لا تحرق الجســـــور، فأنت لا تعرف أبــداً متى تحتاج إلـــيها

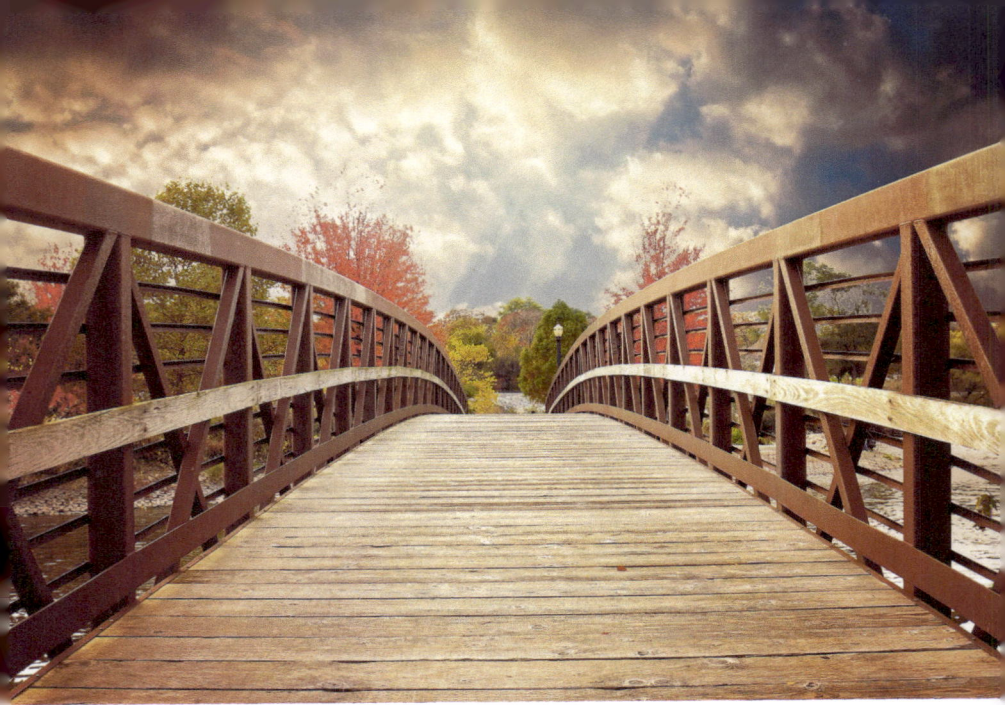

الخلافات، المشاجرات، المعارك، الحروب، كلها عواقب حتمية للحياة اليومية. الناس مختلفون ولديهم وجهات نظر وآراء مختلفة. وصلنا الآن إلى نقطة نتفق فيها جميعاً على أن هذه الأشياء طبيعية تماماً. لكن لا يتعلق الأمر بالمشكلة؛ بل بكيفية التعامل معها. إذا دخلت في جدال ساخن مع شخص ما، حاول أن تضع في اعتبارك أن عليك إيجاد حل للمشكلة بدلاً من تركها تتفاقم دون

مبرر؛ يمكن أن يصبح أي منكما بلا رحمة وينتهي به الأمر إلى إنهاء العلاقة تماماً، وبالتالي حظر أي نوع من التواصل بينكما. هذا العالم مكان رائع للعيش فيه. يمكن أن يكون المرء شخصاً عادياً في الشارع اليوم، ولكن ربما يوماً ما ستجده يوظّف لديه أشخاصاً من مجتمعك. ومن الممكن أن يُعرقل أوراق طلبك للحصول على قرض مصرفي، أو حتى قد يكون القاضي الذي يحكم في قضيتك.

تواصـل، صافــح، قـدّم نفــسك وعـرّف النــاس بعمـلك. كن معـروفاً!

في هذا الوقت وهذا العصر، يتعلق الأمر بمن تعرفه أولاً وبما تعرفه ثانياً — للأسف. حاول تحقيق التوازن والتركيز على كليهما لأنك ستحتاج إلى حمل قدر كافٍ من المعرفة لإقناع الأشخاص الذين ستلتقي بهم. لكن بقدر ما تبدو مسألة إقامة شبكة من العلاقات سهلة، لا يزال الناس يترددون في تقديم أنفسهم إلى أشخاص عشوائيين. إنهم غير متأكدين من كيفية استقبال الشخص لهم وأحياناً يسمحون لهذه الأفكار بأن تمنعهم من فعل أي شيء، والشيء الآخر الذي يحدث غالباً هو أن يذهب الناس إلى المناسبات والاكتفاء

بالوقوف والدردشة مع الأشخاص الذين يعرفونهم من قبل، مع نسيان الغرض من جلسة التواصل تماماً. النقاط المهمة الأخرى بشأن التواصل تتضمن كيف تقدم نفسك، وما تتحدث عنه، والقاعدة الأولى: لا تنس اسم الشخص الذي تتحدث إليه. قد يكون هذا الشخص رئيسك المسؤول عنك أو ربما وزيراً أو أحد أفراد العائلة المالكة. ولكن أيضاً، تأكد من أنك لا تثرثر لمجرد أن الشخص يبدو مهتماً بما تقوله؛ إن حجب المعلومات يجعلك دائماً أكثر جاذبية للشخص الذي تتحدث إليه وسيرغب في الاتصال بك لاحقاً.

لا تقلّل قطّ

من شـأن أي إنســان، حتى

عامل النظافة

انظر حولك، كلّ شخص تراه يعرف شيئاً لا تعرفه. ربما يكون نجاراً، أو سيدة تدير صالوناً للسيدات، وقد يكون ملكاً من ملوك النفط، أو كاتباً. حتى البواب قد يكون لديه معلومات عن السياسة المتعلقة بالمكتب ربما لم تكن تعرفها من قبل. عليك دائماً احترام الأشخاص الذين تقابلهم والحفاظ على خطوط اتصال مفتوحة لأن هؤلاء الأشخاص ربما يقدمون لك في يوم من الأيام معلومات حاسمة بالنسبة لك أو لشخص تعرفه.

عليك أن

تمحو أي تحيزات

لديك حيال الأشخاص بناءً على ما يرتدونه، أو السيارة التي يقودونها، أو من أيّ بلدٍ هم أو ما يؤمنون به. طالما أنهم بشر، عليك معاملتهم كما تحبّ أن يعاملوك.

العلاقات

هي المفتاح؛
صِلاتك وعلاقاتك
يمكن أن تبني أو
تحطم مستقبلك.

عليك إقامة علاقات قوية مع الناس في حياتك المهنية وكذلك حياتك الشخصية. تنفّذ معظم المعاملات في الحياة على أساس الثقة بين طرفين، والطريقة الوحيدة لتعزيز هذه الثقة هي من خلال التفاعل المنتظم مع الشخص الذي تتعامل معه.

يأتي وقتٌ في حياة كلّ شخص يحتاج فيه إلى وجود شخص ما في دائرته لمساعدته في شيء يمكن أن يؤثر على مستقبله. لكن الحفاظ على العلاقات مهارةٌ مختلفةٌ عليك اكتسابها أيضاً لأنك لا تريد أن تبدو متقدماً جداً أو متأخراً جداً.

شكرًا لكم

على إيمانكم وثقتكم بي

شخص مجهول
مصطفى حسن (رحمه الله)
د. روبرت بيتش
ديان بيش
سناء باجيرش
إيمان بن شيبة
هند النعيمي
خالد التميمي
حمد الحوسني
نوار القاسمي
رينا بارديك
آنا سارجيتش
جودي يوهانيسن
غدير السعود
سعيد حارب
أحمد الدرمكي
وائل الحاج
جويس باز
جوردون براون
(ليس رئيس الوزراء السابق)
إدوارد أوكدن
خالد العامري
سلطان المطوع
ناصر النعمة
فيصل الحمادي

سعيد الفزاري
جوان كوبر
آمنة الأحمد
منى الظاهري
سلوى الفاضل
عائشة موسينوفا
مامادو - أبو سار
دانا وولي
سامر الزيات
هالة كاظم
علي السلوم
ليال عبد الله
ليال علي
صفاء الحامد
ريم النيادي
آلان فيرمين
أبوظبي جلوبال شيبرز
د. شادي أبو زيد
أسماء العوضي
أحمد الحليان
محمد بو قارة
مريم البرطاوي
نوال المرزوقي
زينب المهيري
حنان السمّاك

المؤسسات

مصدر

موانئ دبي العالمية

هيا للتصميم

وكالة براندموكسي

قمة موزاييك

دار سيل للنشر

المجلس الثقافي البريطاني

الأهلي القابضة

جامعات الإمارات العربية المتحدة

وزارة خارجية الولايات المتحدة

المنتدى الاقتصادي العالمي

الجامعة الأمريكية في دبي

وزارة الخارجية وشؤون الكومنولث (المملكة المتحدة)

دائرة الثقافة والسياحة - أبوظبي

جامعة حمدان بن محمد الذكية